BEI GRIN MACHT SICH IHR WISSEN BEZAHLT

Umgang mit Kommentaren auf Social Media. Einblick in das New Media Management für Unternehmen

Bibliografische Information der Deutschen Nationalbibliothek:

Die Deutsche Nationalbibliothek verzeichnet diese Publikation in der Deutschen Nationalbibliografie; detaillierte bibliografische Daten sind im Internet über http://dnb.d-nb.de abrufbar.

ISBN: 9783346454638
Dieses Buch ist auch als E-Book erhältlich.

© GRIN Publishing GmbH
Nymphenburger Straße 86
80636 München

Druck und Bindung: Books on Demand GmbH, Norderstedt Germany
Gedruckt auf säurefreiem Papier aus verantwortungsvollen Quellen

Das vorliegende Werk wurde sorgfältig erarbeitet. Dennoch übernehmen Autoren und Verlag für die Richtigkeit von Angaben, Hinweisen, Links und Ratschlägen sowie eventuelle Druckfehler keine Haftung.

Das Buch bei GRIN: https://www.grin.com/document/1036986

SRH Mobile University

Medien- und Kommunikationsmanagement

New Media Management

Einsendeaufgabe

2

Inhaltsverzeichnis

Abbildungsverzeichnis

1. Ignorieren von Kommentaren im Social Network

Als Kern des sogenannten „Web 2.0" sind die sozialen Medien oder Netzwerke zu sehen. Nutzer haben die Möglichkeit, Inhalte zu kreieren, zu teilen und sich zu vernetzen. Social-Media-Kanäle erlangen nicht nur bei Privatpersonen großes Aufsehen. Auch für Unternehmen nehmen die durch die Social Media-Plattformen resultierenden Kommunikations- und Vertriebsinstrumente eine zunehmend wichtige Rolle ein, weshalb bereits 62% der deutschen Unternehmen Social Media Marketing in ihren Gesamtmarketing-Mix miteinbeziehen. Als zentrales Merkmal der sozialen Medien ist die Interaktivität, die durch die Nutzung der Plattformen entsteht, zu nennen. So ermöglichen Social-Media-Plattformen, durch den unmittelbaren und direkten Kontakt zwischen den Usern, nicht nur eine One-to-one Kommunikation, sondern gleichzeitig auch eine Many-to-many Kommunikation. User haben die Möglichkeit in direkten Kontakt mit dem jeweiligen Produzenten zu treten und aktiv durch Kommentare, in Form von Bewertungen oder Empfehlungen auf die Inhalte Bezug zu nehmen. Somit entsteht aus einem anfänglichen Monolog zwischen einem Unternehmen und ihren Kunden ein Dialog und statt reinen Massenmedien ist eine individuelle, zielgerichtete Kommunikation vorzufinden. (Hermanni, 2016, S.79, 97), (Bittner-Fessler, 2018, S.172), (Garzotto, 2016, S. 6-10).

Die Nutzung des Social Networks bringt jedoch nicht nur Vorteile für Unternehmen mit, was die folgende Statistik verdeutlicht. Sie beschäftigt sich mit einer Befragung unter B2B-Unternehmen, die 2016 zu Nachteilen, die bei der Nutzung von Social Media zu Vertriebsunterstützung bzw. im Marketing entstehen können, durgeführt wurde. 48% der Befragten Personen gaben an, dass sie die Gefahr, von Shitstorms getroffen werden zu können, als Nachteil sehen. Die meisten Stimmen mit 50% bekam jedoch der Nachteil des hohen Aufwandes und der hohen Kosten, die durch die Nutzung der Social Media Plattformen entstehen (Statista, 2020).

Das Überwachen und Beobachten der Kommentare, sowie das Beantworten der Kommentare weisen einen hohen Arbeitsaufwand für Firmen auf, wofür in vielen Fällen sogar geschulte Arbeitskräfte, die sich ausschließlich mit dieser Thematik beschäftigen eingestellt werden müssen, was einen hohen Zeit- und

Kostenaufwand darstellt. Wendet ein Unternehmen häufig die Methode des Ignorierens an, so kann Zeit eingespart werden, wodurch im Schnitt weniger Personal benötigt wird und somit Kosten eingespart werden können. Wie im weiteren Verlauf der Analyse festgestellt wird, ist diese Kosteneinsparung jedoch nicht sinnvoll, da die Interaktion mit der Community, auch im Falle von negativer Kritik, für den Erfolg des Unternehmens maßgeblich ist und somit nicht vernachlässigt werden darf.

Die Bedenken der Befragten, Social Media in ihre Unternehmensstruktur mit einzubinden, sind durchaus nachvollziehbar, da bereits viele Unternehmen durch massenhafte negative Kritik einen Shitstorm erlitten. Trotz Dessen ist dieses Tool in der heutigen Zeit für jedes Unternehmen ein wichtiges Instrument, um den Austausch mit ihrer Community zu pflegen und konkurrenzfähig zu bleiben.

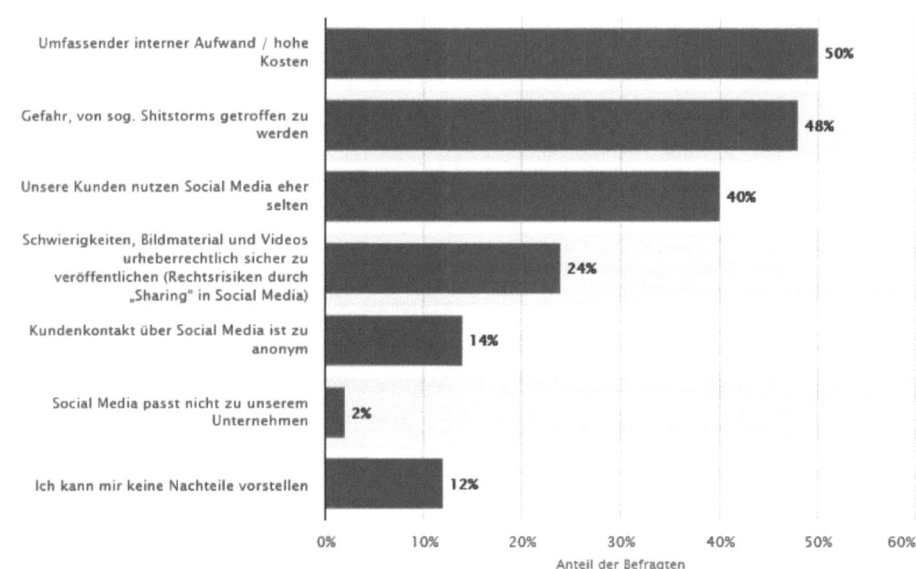

Abbildung 1: Welche Nachteile sehen sie bei der Nutzung von Social Media zur Vertriebsunterstützung/ im Marketing?

Quelle: Statista, 2020

Social Media Plattformen bieten Unternehmen die Möglichkeit, schnell und kostengünstig die Aufmerksamkeit einer großen Masse an Menschen zu erreichen. Dadurch werden jedoch Unternehmensentscheidungen und Handlungen in der Online-Community von einer großen Masse an Menschen diskutiert, was zu negativen Kommentaren und einem Kontrollverlust seitens des Unternehmens führen kann. Besonders negative Äußerungen erlangen häufig große Aufmerksamkeit und verbreiten sich durch die Many-to-many Kommunikation äußerst schnell. Erlangt ein Unternehmen innerhalb kürzester Zeit ein großes Maß an negativen Kommentaren auf ihren sozialen Plattformen, so wird von einem sogenannten „Shitstorm" gesprochen, wodurch großer Schaden für das Unternehmen entstehen kann. Durch die Anonymität und die Masse an Beiträgen, die die sozialen Medien mit sich bringen, sinkt die Hemmschwelle bei Kritikern negative Äußerungen in Form von Kommentaren öffentlich zu äußern (Hermanni, 2016, S.123), (Beham, 2015, S.1), (Hilker, 2012, S. 20).

Jedes Unternehmen kann negative Kommentare in eigenem Ermessen einstufen. Ist ein Kommentar unsachlich, beleidigend oder sogar ein Rechtsverstoß? Um mit negativen Kommentaren umgehen zu können, ist eine strategische Vorgehensweise nötig. Eine mögliche Option, mit negativer Kritik umzugehen, ist die Form des Ignorierens, wobei es sich um die sogenannte „Non-Response-Strategie" handelt. Diese Methode scheint aus der Sicht eines Unternehmens zunächst als die Unkomplizierteste, da sie keinen Arbeitsaufwand für das Unternehmen darstellt und keine weitere offensichtlich erkennbare Angriffsfläche für Kritiker bietet. Der negative Kommentar bleibt seitens des Unternehmens unkommentiert und der Rezipient kann keine Reaktion des Unternehmens wahrnehmen (Beham, 2015, S. 15ff.).

Ein wichtiger Aspekt nachdem abgewogen werden sollte, ob das Anwenden der „Non-response-Strategie" sinnvoll ist, ist die Analyse der Platzierung des Kommentars. Hierbei spielt die Häufigkeit, in der negative Kommentare auftreten, eine große Rolle. Ist ein negativer Kommentar von vielen positiven umgeben, so scheint das Anwenden der oben genannten Methode sinnvoll. Häuft sich jedoch die Anzahl an negativer Resonanz so sollte das Unternehmen sich nach einer anderen Strategie umschauen, um einen Shitstorm zu vermeiden. Die Methode des Ignorierens sollte daher nur angewendet werden, wenn absehbar ist, dass die geäußerte Kritik dem Unternehmen keinen Schaden zufügen kann. Eine dauerhafte Überwachung der Plattform und das Agieren mit der eigenen Community ist daher von großer Wichtigkeit für einen erfolgreichen Auftritt in den sozialen Netzwerken (Beham, 2015, S. 15ff.).

Einen der größten und bekanntesten Shitstorms erlitt die Firma „Schlecker" im Jahr 2011 mit ihrem Claim „For You. Vor Ort." Dieser sollte das Image des Unternehmens verbessern und ihre strategische Positionierung verdeutlichen: Emotionale Nähe zur nachbarschaftlichen Zielgruppe. Die Drogeriemarktkette sorgte damit im Netz jedoch für starke negative Resonanz, was der Kombination aus Englisch und Deutsch zu verschulden ist. Das Marketing-Portal HORIZONT.NET führte hierzu eine Umfrage durch, bei der 77% der Befragten den neuen Markenclaim als „furchtbar" betitelten. Zudem machte der Verein „Deutsche Sprachwelt" seine Meinung public und schickte Schlecker eine Unterschriftensammlung diesbezüglich. Des Weiteren veröffentlichte der „Verein für Sprachpflege" einen Artikel zu dem neuen Claim des Unternehmens in seiner Zeitschrift, wozu sich ein Sprachkritiker persönlich an die Firma Schlecker wandte. Daraufhin argumentierte ein Verantwortlicher der Firma Schlecker, dass es die durchschnittlichen Schleckerkunden „niedrigen bis mittleres Bildungsniveau" ansprechen soll (Schmidt, 2011).

Die Firma Schlecker hat sich mit dieser Äußerung keinen Gefallen getan, da abzusehen war, dass das Unternehmen durch diese Rechtfertigung mit noch mehr Kritik konfrontiert werden würde, aufgrund der Tatsache, dass sich viele Kunden beleidigt und angegriffen fühlen. Rechtfertigt sich ein Unternehmen zu negativer Kritik, sollte dies immer gut bedacht vorgenommen werden. Voreiliges Rechtfertigen führt schnell zu weiterer Kritik und stiftet noch mehr Unruhe. Vorerst Ruhe zu bewahren und zunächst eine sinnvolle Herangehensweise unter den Verantwortlichen zu besprechen, bis eine Stellungnahme folgt, ist durchaus sinnvoll, um weiterer negativer Kritik entgegenzuwirken.

Ist ein Unternehmen auf einen möglichen Shitstorm nicht vorbereitet, kann sich also die Anwendung der Non-Response Methode vorerst als sinnvoll beweisen, um undurchdachte Äußerungen zu vermeiden. Anschließend sollte jedoch in jedem Fall eine Stellungnahme folgen.

Einen weiteren Shitstorm erlitt Amazon nach der Ausstrahlung der Reportage „Ausgeliefert! Leiharbeiter bei Amazon", die im Jahr 2013 veröffentlicht wurde. Dem Unternehmen wurde hier vorgeworfen ihre Angestellten auszubeuten, keine faire Entlohnung auszuzahlen, ihre Leiharbeiter aus dem EU-Ausland unter schlechten Arbeitsbedingungen arbeiten zu lassen und menschenunwürdige Unterkünfte zur Verfügung zu stellen. Außerdem soll das Unternehmen mit einer Security-Firma der Neo-Nazi-Szene zusammenarbeiten, was zusätzlich für Empörung sorgte (Bonset, 2013).

Auf ihrer Facebook Seite hagelte es negative Kritik. „Die Sklaverei ist ja schon ein riesiger Skandal. Aber sich als Weltunternehmen so dumm anzustellen und mit den Nazi Schlägern dem Ganzen das Sahnehäubchen aufzusetzten ist schon einmalig" schrieb ein User, „Entliked. für eine solch menschenverachtende Arbeitsbedingung" kommentierte ein anderer Rezipient auf der Facebookseite des Konzerns. Eine Reaktion Seitens des Unternehmens auf die Anschuldigungen blieb zunächst aus und ihre Facebookseite blieb für die User weiterhin freizugänglich, wodurch kein Ende des Shitstorms in Sicht war (1 Amazon, 2013).

Am 18.02.2013, genau sechs Tage nach dem Ereignis veröffentlichte Amazon auf ihrer Facebook-Seite ein Statement. Hier betont das Unternehmen, dass es „die Vorwürfe bezüglich der Situation im Seepark Ost während der Weihnachtszeit sehr ernst nehme." (2 Amazon, 2013).

Auch die Firma Rewe erlitt durch die Änderung der Verpackung ihres Eistees ihrer Hausmarke „ja" von Tetrapak auf Pfandflaschen einen großen Shitstorm, der bis heute anhält. Dabei wird das Unternehmen besonders auf Facebook mit negativer Kritik konfrontiert, wozu das Unternehmen jedoch bis heute keine

Stellung genommen hat und ihre Community über die Ursache der Änderung nicht aufgeklärt wurde (Salzborn, 2017, S. 447).

In beiden genannten Fällen ignorierten die Firmen die negative Kritik zunächst. Es wird jedoch deutlich, dass dies dazu führen kann, dass Rezipienten sich nicht ernst genommen fühlen, wodurch sie ein negatives Bild des Unternehmens verinnerlichen. Social Media bietet Usern einen öffentlichen Raum, um ihre Kritik publik zu machen. Schnell kann sich ein Kommentar durch viele Interaktionen viral verbreiten und eine Stellungnahme vieler weiterer Menschen folgt, wodurch dem betroffenen Unternehmen großer Schaden zugefügt werden kann. Hätte Amazon sich bereits am Tag der Veröffentlichung, mit einem durchdachten Statement zu Wort gemeldet, hätten diese Ausmaße des Shitstorms möglicherweise vermieden werden können.

Die negative Kritik hält bei der Firma Rewe bis heute an, da die Community bis heute keine Reaktion der Firma wahrnehmen konnte und somit die Aufruhr bestehen bleibt. Hätte die Firma bereits ein Statement zu der Thematik veröffentlicht, hätte man den Shitstorm bereits limitieren können.

Die drei aufgeführten Beispiele zeigen, dass es keinen zu verallgemeinernden Weg gibt, um mit negativen Kommentaren umzugehen, sondern jede Situation für sich betrachtet und bearbeitet werden muss. In manchen Fällen, wie Beispiel eins aufzeigt, kann es durchaus sinnvoll sein, mit einer Stellungnahme einige Tage zu warten, um die Gedanken zunächst zu sammeln und erst mit einem strategischen Statement Stellung zu beziehen, so können undurchdachte Äußerungen und eine daraus resultierende Ausbreitung des Shitstorms vermieden werden. Die zwei weiteren Beispiele zeigen jedoch, dass sich das Ignorieren der Kritik als keine dauerhafte Lösung erweist und nur eine Stellungnahme den Shitstorm wirklich eindämmen kann.

Zusammenfassend lässt sich sagen, dass früher oder später ein Statement Seitens des Unternehmens unumgänglich ist, um die Community nicht zu verlieren und einem negativen Image entgegenzuwirken. Von der Methode, Kritik einen längeren Zeitraum zu ignorieren und die Community im Unklaren zu lassen, ist abzusehen. Die Interaktion und Kommunikation mit den eigenen Followern ist für einen transparenten und ehrlichen Auftritt auf online Plattformen unumgänglich und ausschlaggebend für den Erfolg eines Unternehmens. Ein im Voraus ausgefertigter Plan, wie mit einem Shitstorm umgegangen werden sollte, kann hierbei durchaus sehr hilfreich sein und im eintretenden Fall das Handeln erleichtern.

2. Verbergen oder Löschen von Kommentaren im Social Network

Durch die Schnelllebigkeit, die das Internet mit sich bringt, erreichen die geteilten Inhalte eine neue Dimension. Inhalte werden auf den Prüfstand gestellt, zeitnah diskutiert und bewertet. Außerdem sind Inhalte, die einmal online waren, durch die Möglichkeit des Speicherns und Weiterleiten, nicht mehr aus dem Social Network zu verbannen (Künzel, 2012, S. 12).

Facebook bietet seinen Usern die Möglichkeit, Kommentare oder Beiträge auszublenden. Hierbei ist der Kommentar ausschließlich für den Inhaber der Seite und dessen Freunde sichtbar und wird somit nicht gelöscht. Zusätzlich kann jeder Nutzer selbst darüber entscheiden, ob Beiträge oder Kommentare, die von anderen Rezipienten auf der Seite des Seiteninhabers gepostet werden, bestehen bleiben. So hat jeder das Recht Kommentare auf der jeweiligen eigenen Seite komplett zu löschen, auf Seiten Anderer ist dies jedoch nicht möglich. Die Möglichkeit einen Kommentar lediglich auszublenden ist somit die abgeschwächte Version des Kommentar-Löschens (Facebook, 2020), (Maciej, 2018).

Einige Unternehmen verbieten ihren Followern das Kommentieren ihrer Beiträge, zum Schutze vor negativen Kommentaren und zum Vorbeugen einer öffentlichen Hatewelle komplett. Die Interaktion mit der Community geht hierbei zwar nicht komplett verloren, da es die Möglichkeit der Direct Messages gibt, andere Follower bekommen jedoch von dem Feedback, welches so nur privat publiziert wird, nichts mit. Öffentlich positive Kommentare können das Image eines Unternehmens positiv beeinflussen, die Reichweite erweitern und die Bindung zu der Community festigen. Außerdem findet häufig ein Austausch und eine Interaktion der Follower in den Kommentaren der Beiträge statt, wodurch Personen mit den gleichen Interessen in Kontakt treten können, was durch Einschränkung der Kommentar-Funktion verloren geht (Hoffmann, 2016).

Das Löschen eines Kommentares oder Ausstellen der Kommentarfunktion wird als „der letzte Ausweg" angesehen und sollte somit nur in Ausnahmefällen vorgenommen werden. Der Umkehrschluss hiervon ist nämlich die Kritik und die Vorwürfe der Community. Häufig wird dem Seiteninhaber bei Löschung eines

Kommentares vorgeworfen Zensur ausgeübt zu haben und die Person in ihrer Meinungsfreiheit eingeschränkt zu haben. Außerdem kann sich die Diskussion durch das Löschen der Kommentare auf andere Seiten verlegen, wo die betroffene Person keinen Einfluss mehr auf das Geschehen hat. Dadurch wird deutlich, dass die Methode des Löschens das Problem nicht komplett aus der Welt schafft und auch diese Funktion einige Nachwirkungen mit sich zieht und daher nur sehr bedacht angewendet werden sollte (Pflüger, 2020, Kapitel 19).

Jeder negative Kommentar sollte zunächst genauer betrachtet werden, bevor vorschnell der Umgang mit diesem beschlossen wird. Hierbei kann dieser in drei verschiedene Sparten eingestuft werden. Handelt es sich ausschließlich um berechtigte Kritik, so wird sie meist sachlich und begründet dargestellt. Daran gibt es nichts auszusetzen, weshalb dieser Kommentar unter objektive Kritik fällt. Auch subjektive Kritik ist eine mögliche Kommentar-Form. Hierbei sieht sich der Verfasser im Recht und betrachtet die Situation weder objektiv noch neutral. Meist handelt es sich in solchen Fällen bei dem Verfasser um fehlende Informationen oder ein Wissensdefizit. Als dritte Einstufung eines Kommentares, gibt es die Variante der unsachlichen Kritik, welche oft verletzend oder beleidigend ist. Eine solche Äußerung liegt oft einem wahren Kern zugrunde, wird jedoch von emotionaler Mitwirkung überdeckt (Pflüger, 2020, Kapitel 19).

Erst bei der Einstufung eines Kommentars in die Kategorie „unsachliche Kritik" sollte die Option des Verbergens oder des Löschens des Kommentares in Betracht gezogen werden. Dabei kann es sich um Rassismus, Fremdwerbung oder Beleidigungen handeln. Wird der Kommentar gelöscht oder verborgen, sollte das Unternehmen trotz alledem ein Statement ihrer Community gegenüber abgeben, um Unklarheiten und Kritik vorzubeugen. So schafft das Unternehmen eine transparente Kommunikation mit ihrer Community. Außerdem kann der jeweilige Seiteninhaber auf die Netiquette aufmerksam machen. Hierbei handelt es sich um rechtliche Regelungen, die für einen respektvollen Umgang im Netz sorgen und das Kommunizieren und Interagieren der User einschränken soll. Jedem Unternehmen ist es mit dieser Funktion möglich eigene Regeln aufzustellen und festzuhalten, um so bei Eintreffen einer solchen Situation darauf zurückgreifen zu können (Decker, 2019, S. 346).

Die Marke „Volkswagen" erlitt durch das Posten eines rassistischen Werbespots einen großen Shitstorm. Das veröffentlichte Werbevideo zeigt eine hellhäutige Hand, die einen dunkelhäutigen Mann durch das Bild schubst. Im Anschluss baut sich ein Schriftzug „Der neue Golf" auf, woraufhin die weiße Hand eine Geste macht, die als „White Power" verstanden werden kann. Durch den rassistischen Hintergrund führte das Video zu großer Kritik bei den Rezipienten. Daraufhin entschied sich das Unternehmen kurzerhand das Video aus dem Netz zu nehmen, „um weiterer Kritik aus dem Weg zu gehen und derartige Interpretationen zukünftig auszuschließen" und veröffentlichte im Anschluss einen Text, in dem die Verantwortlichen versuchten den Vorfall zu limitieren, was sehr negative Auswirkungen mit sich zog. Das Social-Media Team von VW rechtfertigte das Video als „einen kreativen Umgang mit dem Format Instagram-Story", woraufhin die Community mit noch mehr negativer Kritik reagierte. Um ihr Image zu retten, übernahm die Pressestelle von Volkswagen den Fall und gab ein weiteres Statement ab, in der Einsicht im Vordergrund stand (Dörnfelder, 2020), (May, 2020).

Nicht nur große Unternehmen werden mit Shitstorms konfrontiert, auch im Influencer-Dasein ist das Thema Shitstorm ein großer Begriff und nimmt starke Ausmaße an. Besonders auf Instagram ist dies mitzuverfolgen. Auch hier haben User die Möglichkeit wie auf Facebook, die Kommentarfunktion komplett zu deaktivieren oder einzelne Kommentare zu löschen (Instagram, 2020).

Viele Influencer machen sich mittlerweile gegen Hatespeech im Netz stark und greifen das Thema in ihrem Content immer wieder auf. Eine junge Creatorin, Felicita Maaß (Instagram: citamaass), die für ihre Kurven bekannt ist, musste sich schon oft mit der Thematik Shitstorm auseinandersetzen. Immer wieder bekommt sie feindliche Nachrichten gegen ihren Körper, der sich von dem Regelbild, welches auf Social-Media verbreitet wird, absetzt. Nicht nur in ihren Kommentaren hagelt es Kritik, auch in ihren Direct Messages bekommt sie beleidigende, abstoßende Nachrichten, die sie ab und an in ihren Storys teilt, um darauf aufmerksam zu machen. Nicht zu übersehen ist, dass sie die angreifenden Nachrichten/ Kommentare sehr mitnehmen und ihr auch als geübte Influencerin der Umgang mit einem Shitstorm zu schaffen macht. Immer wieder löscht sie

Kommentare, die ihrer Ansicht nach unter die Gürtellinie gehen und stoppt auch hier nicht davor, den Verfasser zu „melden" oder gar anzuzeigen. Auf den meisten sozialen Plattformen haben Nutzer die Möglichkeit, andere User unter Angabe eines Grundes zu „melden", mit der Absicht diese sperren zu lassen und ihnen somit den weiteren Umgang mit der jeweiligen Plattform zu untersagen (Instagram Account: citaamaas).

Ganz aktuell durchleben die Influencer Jennifer Lange (Instagram: agentlange) und ihr Freund Andrej Mangold (Instagram: dregold) durch ihr Verhalten in einer Fernsehshow, die aktuell ausgestrahlt wird, einen großen Shitstorm. Auf ihren Accounts ernten sie starke Kritik, unter ihren Beiträgen ist kaum noch positives Feedback zu finden. Trotz eines Statements, welches beide in Form eines Postings auf ihrem Account abgaben, nimmt der Shitstorm kein Ende. Aktuell entschieden sich beide dazu, negative Kommentare zu löschen und die Kommentarfunktion auszuschalten, um der negativen Kritik keinen Raum mehr zu geben (Instagram Account: agentlange, dregold).

In allen drei Fällen, entschieden sich die betroffenen Personen dazu, Kommentare zu löschen oder im Falle des VW Shitstorms das Video zu entfernen. Das Löschen scheint zunächst die einfachste Methode zu sein, da die Kritik öffentlich nicht mehr sichtbar ist. Die Möglichkeit den betroffenen Person privat zu schreiben, bleibt jedoch nach wie vor bestehen, wodurch es den Rezipienten trotzdem möglich ist, ihre Kritik zu äußern. Außerdem kann die Hate Welle auf andere Seiten, auf denen die Betroffenen keinen Einfluss auf die Inhalte mehr haben, verlegt werden. Betrachtet man die Situation genauer, wird somit deutlich, dass die Funktion des Löschens das Problem nicht wirklich beseitigt und keine dauerhafte Lösung aufweist, um mit negativer Kritik umzugehen. Die Firma Volkswagen hat einen anderen Weg gewählt als die beiden Influencer Beispiele. In diesem Fall haben sie nach dem anfänglichen Versuch das Video zu rechtfertigen, die Kritik aufgenommen, das Video gelöscht und ein Statement hinzugefügt. Durch das Löschen der Quelle der Kritik wird verhindert, dass weitere negative Kommentare folgen.

Es sollte zunächst immer abgewogen werden, um welche Art des Kommentares es sich handelt, subjektive, objektive oder doch unsachliche Kritik? Grundsätzlich ist eine zeitnahe, neutrale, strategische Antwort mit einem Lösungsansatz, um den Rezipienten zu besänftigen und sich der Kritik zu stellen, ein sehr wichtiger Aspekt, um dem Shitstorm entgegen zu wirken. Handelt es sich jedoch um unsachliche Kritik, in Form von Rassismus oder Hass, die in Häufe auftritt, muss dies nicht einfach so hingenommen werden, sodass in einem solchen Fall das Löschen eines Kommentars sinnvoll ist, um diesem Hass keine Plattform zu bieten. Wie oben bereits erwähnt, findet diese Form von Kritik bei Influencern des Öfteren statt, wodurch die Nutzung der Funktion des Löschens durchaus nachvollziehbar und gerechtfertigt ist. Bezieht man sich noch einmal auf das Beispiel des VW Shitstorms ist das Löschen des Videos nur insofern annehmbar, wenn das Unternehmen die Kritik einsieht und das in Form eines Textes ihrer Community verdeutlicht. Anderen Falls wirkt das Löschen des Videos unglaubwürdig und bringt nicht die erhoffte positive Wirkung.

3. Umgang mit externer Kritik im Social Network

Nachdem die ersten beiden Kapitel durgearbeitet wurden, wird deutlich, dass Kritik von Außenstehenden nicht einfach ignoriert werden sollte und das Löschen samtlicher negativer Kommentare das Problem nicht lösen kann. Ein Shitstorm muss nicht nur negative Auswirkungen mit sich ziehen, so bietet dieser auch Potential für das Unternehmen, welches genutzt werden kann, um die Community mit Informationen zu versorgen und die Krise so als kommunikative Chance aktiv zu managen. Außerdem kann das betroffene Unternehmen durch den Vorfall näher zusammenwachsen und der Zusammenhalt des Teams kann gefestigt werden. Möglich ist zudem, dass die PR-Maßnahmen, die durch den Shitstorm vorgenommen wurden, eine bessere Resonanz zeigen, als zuvor erwartet und das Unternehmen dadurch die negative Aufmerksamkeit, die aus dem Shitstorm resultiert, in Positives umwandeln kann. Jedes Unternehmen sollte auf einen möglichen Shitstorm vorbereitet sein und wissen wie in einem solchen Fall gehandelt werden sollte. Dabei fängt der Prozess der Krisenkommunikation meist bereits vor dem Eintreten eines Shitstorms an (Nolting, Thießen, 2008, S. 9), (Hermanni, 2017, S, 123).

Die Ursache für die Entstehung von Kritik sollte von dem betroffenen Unternehmen genauer untersucht werden. Hierfür eignet sich ein sogenanntes „Krisenmanagement", welches Maßnahmen entwickelt, um einen Shitstorm frühzeitig zu erkennen und im Falle des Eintretens durch Reaktionsstrategien für eine möglichst kurze Krise sorgt. Teil der Bewältigung einer Krise ist die Vorbeugung, Bewältigung und die Nachbereitung einer Krise (Salzborn, 2017, S. 96), (Beham, 2015, S.5).

Erschreckend zeigen einige Studien auf, dass trotz zunehmender Relevanz der Social-Media-Plattformen für die Krisenkommunikation, ein Großteil der Organisationen keine professionelle Krisstrategie für solche Fälle sichergestellt haben. Bei einer internationalen Befragung der PR-Agentur Weber Shand-Wick und der Personalberatung Spencer Stuart, welche im Jahr 2012 stattfand, wurde dokumentiert, dass ausschließlich vier von insgesamt zehn Kommunikationsverantwortlichen sich im Falle einer Social-Media-Krise gut vorbereitet fühlen (Salzborn, 2015, S. 96).

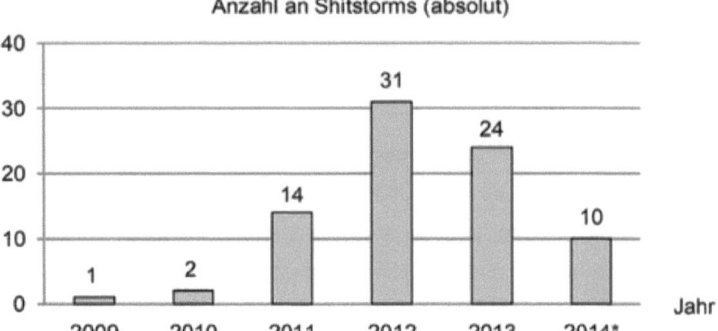

Abbildung 2: Entwicklung der überregionalen Berichterstattung über Shitstorms 2009-2014

Quelle: Corporate Shitstorm Management; Konfrontationen im Social Web professional lösen, 2015, S. 3

Für diese Statistik wurden die meistzertifizierten Printmedien in Deutschland und deren Online-Versionen im Zeitraum von Januar 2009 bis März 2014 untersucht. Teil hiervon sind folgende Zeitungen: Der Spiegel, Bild, Bild am Sonntag, Die Süddeutsche Zeitung, Die Welt, Welt am Sonntag, Focus, Handelsblatt, Die Zeit, WirtschaftsWoche, Stern und Frankfurter Rundschau. Die Statistik zeigt, dass die Anzahl der Berichterstattungen über Shitstorms von 2009 bis 2012 deutlich zugenommen haben. Betrachtet man das Jahr 2012 findet man die höchste Anzahl (31) an Berichterstattungen über Shitstorms vor. Von dem Jahr 2012 bis 2014 verringert sich diese dann konstant (Beham, 2015, S. 3).

Die Statistik zeigt, dass in dem Zeitraum 2011 – 2014 bereits einige Unternehmen einen Shitstorm durchlebten und die Thematik durchaus relevant ist. Genau deshalb ist eine Ausarbeitung einer Krisenstrategie für solche Fälle ein wichtiger Aspekt, der von Unternehmen nicht unterschätzt werden sollte.

Ein Unternehmen sollte präventive Methoden der Onlinekrisenkommunikation anwenden, um durch Beobachten und Bewerten von Inhalten im Netz Krisenpotenziale aufzuspüren. Kommunikationsverantwortliche sollten hierbei großflächig nach Informationen suchen und neben massenmedialen Inhalten auch Blogs, Social Networks, Communitys oder Verbraucherportalen bei der Informationsgewinnung berücksichtigen, um unternehmensrelevante Inhalte aufzuspüren und auf mögliche Krisen frühzeitig aufmerksam zu werden (Salzborn, 2017, S. 98).

Zur Unterstützung des Krisenmanagements in der Präventionsphase können Monitoring Tools verwendet werden, welche die Identifikation, Beobachtung und Analyse von Inhalten beinhaltet. Social-Media-Monitoring sorgt dafür, Inhalte, die zu einer Krise führen könnten, rechtzeitig zu erkennen und können, wenn nötig, proaktiv einschreiten. Die Analyse fokussiert sich hier auf Social Media Plattformen oder nutzergenerierte Inhalte. Um dies zu ermöglichen, muss das Unternehmen Listen von Schlagwörtern erstellen, nach denen dann das Internet durchsucht wird. Ist eine ansteigende Kommunikation zu erkennen oder Inhalte, die zu einer Krise führen könnten, wird das Unternehmen umgehend darüber benachrichtigt (Salzborn, 2017, 99f.).

Zur Vorbeugung einer Krise können außerdem gezielte Kommunikationsmaßnahmen durch gezieltes Setzen von Themen vorgenommen werden. Dabei bietet das Agenda-Setting ein mögliches Vorgehen. Bei Anwendung dieser Methode wird zwischen verschiedenen Key Performance-Indikatoren unterschieden. Der erste zu nennende Indikator ist, dass Aufmerksamkeit für ein Thema gezielt erzeugt werden soll. Dies ist durch verschiedene Methoden möglich, die innerhalb des Unternehmens ausgearbeitet werden sollten. Ein entsprechendes Wissen und Akzeptanz für das Thema sind dabei von großer Wichtigkeit. Ein weiterer zu nennender Key Performance-Indikator ist die hohe Anzahl an Befürwortern des Unternehmens und eine geringe Kritiker Schaft. Außerdem sollte die eigene Botschaft aktiv unterstützt werden und im Falle des Auftretens eines Shitstorms sollte versucht werden, die Anhaltung der Krise auf das Minimum zu reduzieren (Hermanni, 2017, S, 118).

Eine vorrausschauende Organisation ist für ein Unternehmen elementar wichtig, um im eintreffenden Fall gewappnet zu sein, daher sollten zunächst frühzeitig Notfallpläne aufgestellt werden und Ressourcen disponiert werden. Außerdem sollten Medienmeldungen, die die Branche des eigenen Unternehmens betreffen regelmäßig beobachtet werden und eine Gemeinschaft aus Multiplikatoren etabliert werden, um bei Eintreten eines Shitstorms Unterstützung zu erlangen (Hermanni, 2017, S, 123).

Einige Aspekte sollte jedes Unternehmen im Falle einer Krise berücksichtigen, um bestmöglich mit der Situation umgehen zu können. Aus den ersten beiden Kapiteln wurde deutlich, dass Kritik ernstgenommen werden muss, um die eigene Community nicht zu verärgern und ein positives Image zu generieren. Genauso wichtig ist eine zeitnahe Rückmeldung auf Kritik seitens des Unternehmens, um das Ausmaß des Shitstorms ein zu dämmen und noch mehr Kritik zu vermeiden. Jedoch sollte dies nicht unüberlegt geschehen, da die Reaktion des Unternehmens sehr entscheidend für das weitere Ausmaß des Shitstorms ist. Hysterischer, übereilter Aktionismus sind daher fehl am Platz und würden dem Vorgehen großen Schaden zufügen. Um angemessen auf Kommentare reagieren zu können, ist eine Situationsanalyse angebracht. Wichtig ist hier, bestimmte Rahmenbedingungen zu erfassen, worunter unter anderem das Stakeholder-Mapping fällt. Hierbei werden Stakeholder-Gruppen, die mit dem Unternehmen in Verbindung stehen ausfindig gemacht, deren möglichen Kritikpunkte festgehalten und in Gruppen eingeteilt, um im Ernstfall bessere und schnellere Lösungsansätze anwenden zu können (Morschett, Schramm-Klein, Zentes, 2010, S. 223), (Hermanni, 2017, S, 124).

Im Falle eines Shitstorms, sollte das betroffene Unternehmen oder die betroffene Organisation, immer offensiv informieren. Hierbei kann das Verwenden von Mailinglisten sinnvoll sein, da so Inhalte abgestimmt auf die Interessen der Empfänger versendet werden können und im Krisenfall Anspruchsgruppen umgehend mit aktuellen Informationen versorgt werden können. Dies hat außerdem den Vorteil, dass die Definitionsmacht Seitens des Betroffenen bleibt und eine offene Diskussion entsteht. Zu dieser Thematik folgendes Zitat: „Kein Online-Journalist oder Internet-Surfer wartet auf die Tageszeitung am nächsten Tag, um sich über aktuelle Ereignisse zu informieren. Unternehmen müssen daher unmittelbar [...] die Geschehnisse zeitnah kommentieren. Versucht das Unternehmen, erst hinter den Kulissen alle Fakten im Detail zu klären, so verstreicht wertvolle Zeit." (Roselieb 2000, o.S.) Handelt es sich bei der Kritik um

Wahrheiten, so wäre es angemessen zu seinen Fehlern zu stehen und dies öffentlich zu äußern. Zudem sollte geäußert werden, dass aus der genannten Kritik gelernt wurde und dies in Zukunft nicht mehr vorkommen wird. Versucht das Unternehmen trotz berechtigter Kritik diese zu limitieren oder sogar zu verleugnen, führt dies zu einem noch größeren Ausmaß an Kritik, weshalb dies unbedingt zu vermeiden ist. Rezipienten soll das Gefühl vermittelt werden, dass das Unternehmen trotz der Kritik einen ehrlichen Umgang mit der Community pflegen und ihnen keine Informationen vorenthalten möchte. Daher ist es wichtig Schwierigkeiten direkt anzusprechen, so kann eine fehlende Glaubwürdigkeit und weitere Verunsicherungen vermieden werden. Ein offener und ehrlicher Umgang mit der eigenen Community ist somit für ein positives Image und besonders im Falle einer Krise unumgänglich (Hermanni, 2017, S, 124), (Salzborn, 2017, S. 103).

Außerdem können betroffene Unternehmen mit gezielten Aktionen den Shitstorm versuchen einzudämmen. Hierbei sollten Personen, die berechtigte Kritik geäußert haben, Lösungsvorschläge gemacht werden, dies könnten beispielsweise Ersatzleistungen, ein kostenloser Sonderservice oder Gratisprodukte sein. Hierbei ist es wichtig, dass die Personen, die für den öffentlichen Auftritt des Unternehmens verantwortlich sind, für eine großzügige Erreichbarkeit sorgen, um die Kundenzufriedenheit zu steigern und kontinuierlich informieren zu können (Hermanni, 2017, S, 124).

Konnte das Unternehmen durch die genannten Maßnahmen/ Berücksichtigungen die Krise überstehen, sollte eine sogenannte Evaluation durchgeführt werden. Hierbei soll der Erfolg sowie die Effektivität der Maßnahmen und Strategien bewertet werden und Optimierungspotentiale herausgefunden werden, um zukünftige Strategien optimieren zu können. Danach befindet sich das Unternehmen wieder in der Krisenprävention und kann durch die Analyse der Plattformen und der beteiligten Akteure, die während der Krisenbewältigung stattgefunden haben, genau hier wieder ansetzen, um frühzeitig kritische Themen zu erkennen (Salzborn, 2017, S. 109f.).

Deutlich wird, dass aktives Krisenmanagement mit dessen phasenspezifischen Methoden und deren Umsetzung maßgeblichen Einfluss auf den Verlauf und die Folgen einer Krise haben kann. Um einen ehrlichen und transparenten Umgang mit der eigenen Community zu pflegen, ist eine zeitnahe und ehrliche Reaktion auf Kritik elementar wichtig. Durch Kapitel eins und zwei wurde klar, dass die Non-Response Methode sowie das Verbergen oder Löschen von Kommentaren, nur in wenigen Ausnahmefällen oder im Falle von rechts- oder ehrenverletzenden, rassistischen oder beleidigenden Kommentaren sinnvoll ist, ansonsten sollte auf diese Methoden verzichtet werden. Außerdem wurde deutlich, dass die Ausmaße einer Krise durch keine Reaktion des Unternehmens enorm ansteigen können und daher für schwerwiegende Folgen sorgen können. Das Krisenmanagement sollte mit Hilfe von präventiven Methoden, wie die Monitoring-Tools für eine dauerhafte Überwachung des Social Networks und der verschiedenen Stakeholer-Gruppen sorgen. Eine dauerhafte Überwachung kann einen möglichen Shitstorm entgegenwirken und das Krisenmanagement sollte im Ernstfall Reaktionsstrategien ausgearbeitet haben, die das Ausmaß der Krise unter Kontrolle behalten.

Literaturverzeichnis

1 *Amazon (2013).* Amazon? Nein Danke. Zugriff am: 01.10.2020, unter facebook.com/AmazonNeinDanke

2 *Amazon (2013).* Amazon nimmt die Vorwürfe bezüglich der Situation im Seepark Ost während der Weihnachtszeit sehr ernst (Facebook-Post). Zugriff am: 01.10.2020, unter facebook.com/ Amazon.de

Beham, F. (2015). Corporate Shitstorm Management; Konfrontationen im Social Web professional lösen. 1. Aufl., Springer Fachmedien, Wiesbaden.

Bittner-Fesseler, A. (2018). PR-Management, 2. Aufl., Studienbrief der SRH Fernhochschule, Riedlingen.

Bonset, S. (2013). Amazon Shitstorm: Ausbeutung, miese Arbeitsbedingungen und Verbindung zur Neo-Nazi-Szene. Zugriff am: 01.10.2020, unter https://t3n.de/news/amazon-shitstorm-ausbeutung-443240/

Decker, A. (2019). Der Social-Media Zyklus. Schritt für Schritt zum systematischen Social-Media-Management im Unternehmen. 1. Aufl., Springer Gabler, Wiesbaden.

Dörnfelder, A. (2020). Shtistorm für VW:10 Sekunden Rassismus. Zugriff am: 03.10.2020, unter https://www.handelsblatt.com/unternehmen/industrie/neuer-golf-rassismus-vorwuerfe-vw-entschuldigt-sich-fuer-werbespot/25847110.html

Facebook, (2020). Wie verberge oder lösche ich auf meiner Facebook-Seite einen Kommentar oder Beitrag?. Zugriff am: 01.10.2020, unter https://de-de.facebook.com/help/297845860255949

Garzotto, M. (2016). Social Media: Entwicklung von Marketingstrategien für Unternehmen, 1 Aufl., Diplomica Verlag GmbH, Hamburg.

Hermanni, A-J. (2017). Digital Media Management. 2. Aufl., Studienbrief der SRH Fernhochschule, Riedlingen.

Hilker C. (2012). Erfolgreiche Social-Media-Strategien für die Zukunft; mehr Profit durch Facebook Twitter Xing und Co. 1 Aufl., Linde Verlag, Wien.

Hoffmann K. (2016). Moderation in Blogs und Social Media: „Welche Kommentare darf ich löschen? Welche muss ich stehen lassen?". Zugriff am: 01.10.2020, unter https://www.kerstin-hoffmann.de/pr-doktor/welche-kommentare-darf-ich-loeschen-welche-muss-ich-stehenlassen/

Künzel H. (2012). Erfolgsfaktor Kundenzufriedenheit: Handbuch für Strategie und Umsetzung. 2. Aufl., Springer-Verlag. Berlin, Heidelberg.

Maaß, F. (2020). Instagram Account: citamaas, Zugriff am: 03.10.2020, unter https://www.instagram.com/citamaass/?hl=de

Maciej M. (2018). Facebook: Kommentare löschen – Anleitung für Handy und Desktop. Zugriff am: 01.10.2020, unter https://www.giga.de/unternehmen/facebook/tipps/facebook-kommentare-loeschen/

May J. (2020). Rassistisches Instagram Video: VW handelt sich Shitstorm ein. Zugriff am: 24.09.2020, unter https://t3n.de/news/rassistisches-instagram-video-vw-1282694/

Nolting, T. /Thießen A. (2008). Krisenmanagement in der Mediengesellschaft. potenziale und perspektiven der Krisenkommunikation. 1 Aufl., VS Verlag für Sozialwissenschaften/ GWV Fachverlage. Wiesbaden.

Salzborn C. (2017). Phänomen Shitstorm; Herausforderung für die Onlinekrisenkommunikation von Unternehmen. Tectum Verlag. Baden-Baden.

Schmidt, C. (2011). Schlecker und der Shitstorm. Zugriff am: 01.10.2020, unter https://www.welt.de/print/welt_kompakt/vermischtes/article13685105/Schlecker-und-der-Shitstorm.html

Schmidt, L. (2017). Inside Social Media; Modul 3: Shitstorms verstehen. Zugriff am: 24.09.2020, unter http://smtu-berlin.de/home-2/inside-social-media-home/startseite-inside-social-media/modul-3-kritik-zulassen/

Siepermann, M. (2020). Definition Shitstorm. Zugriff am: 23.09.2020, unter https://wirtschaftslexikon.gabler.de/definition/online-firestorm-54503

Statista (2020). Welche Nachteile sehen sie bei der Nutzung von Social Media zur Vertriebsunterstützung/ im Marketing?. Zugriff am: 24.09.2020, unter https://de.statista.com/statistik/daten/studie/601636/umfrage/nachteile-der-nutzung-von-social-media-zur-vertriebsunterstuetzung-in-deutschland/

Pflüger G. (2020). Social-Media-Marketing für Dummies. 1. Aufl., WILEY-VCH Verlag GmbH & co. KGaA, Weinheim.